Editora Appris Ltda.
1.ª Edição - Copyright© 2022 da autora
Direitos de Edição Reservados à Editora Appris Ltda.
Nenhuma parte desta obra poderá ser utilizada indevidamente, sem estar de acordo com a Lei nº 9.610/98. Se incorreções forem encontradas, serão de exclusiva responsabilidade de seus organizadores. Foi realizado o Depósito Legal na Fundação Biblioteca Nacional, de acordo com as Leis nºs 10.994, de 14/12/2004, e 12.192, de 14/01/2010.

Catalogação na Fonte
Elaborado por: Josefina A. S. Guedes
Bibliotecária CRB 9/870

M691j
2022
	Modesto, Valdemira Pereira
	    Jardim da vovó Mira / Valdemira Pereira Modesto.
	1. ed. - Curitiba : Appris, 2022.
	    28 p. : il. color. ; 16 cm.
	
	    ISBN 978-65-250-2244-4
	
	    1. Literatura infantojuvenil. 2. Natureza. I. Título.
	                                                 CDD – 028.5

Appris
editora

Editora e Livraria Appris Ltda.
Av. Manoel Ribas, 2265 – Mercês
Curitiba/PR – CEP: 80810-002
Tel. (41) 3156 - 4731
www.editoraappris.com.br

Printed in Brazil
Impresso no Brasil

Valdemira Pereira Modesto

Jardim da vovó
Mira

FICHA TÉCNICA

EDITORIAL	Augusto V. de A. Coelho
	Marli Caetano
	Sara C. de Andrade Coelho
COMITÊ EDITORIAL	Andréa Barbosa Gouveia - UFPR
	Edmeire C. Pereira - UFPR
	Iraneide da Silva - UFC
	Jacques de Lima Ferreira - UP
ASSESSORIA EDITORIAL	Manuella Marquetti
REVISÃO	Renata Cristina Lopes Miccelli
PRODUÇÃO EDITORIAL	Romão Matheus
DIAGRAMAÇÃO	Yaidiris Torres
CAPA	Daniela Baumguertner
ILUSTRAÇÃO	Mira Modesto
COMUNICAÇÃO	Carlos Eduardo Pereira
	Karla Pipolo Olegário
LIVRARIAS E EVENTOS	Estevão Misael
GERÊNCIA DE FINANÇAS	Selma Maria Fernandes do Valle

Dedico este livro aos meus netos, Pedro,
Lucas e Anna Catarina, que são pequenas gotas
de alegria em meu dia a dia.

AGRADECIMENTOS

Agradeço a DEUS, pelo dom da fortaleza,
temor, coragem e determinação,
qualidades inseridas em mim por meio do meu batismo.

"O aprendizado nunca termina.
Se você está vivo, há lições para aprender".

(autor desconhecido)

APRESENTAÇÃO

Limerique.

Adivinha o que é?

São poemas curtinhos e engraçados compostos por cinco versos que, mesmo podendo ser sem sentido, devem conter bom humor.

A primeira, a segunda e a quinta linha são versos mais longos, os quais rimam entre si.

A terceira e a quarta linha são versos curtos, que rimam entre si e dão ritmo à poesia.

    Este livro surgiu a partir do amor que sinto pela preservação da natureza, independente de quanto espaço possuímos. Meu jardim é vida para mim. Cada animal e cada planta que o habita são tratados com zelo e respeito, cada um com sua especificidade: alguns são bravos, outros coloridos e alguns, até mesmo, considerados tolos, como os gongolos.

    Gosto muito de contar histórias para meus netinhos enquanto vou apresentando cada bichinho. Assim sendo, os versos foram surgindo concomitantes às imagens reais dos que ali povoam.

O JARDIM FLORESTA ESCONDE UM SEGREDO:
TEM DOIS BICHOS NESTE ENREDO.

PODE BISBILHOTAR
QUE VAI ACHAR,
OU SERÁ QUE TEM MEDO?

"SOU UM PREDADOR DO TIPO SENTO-E-ESPERO,
MUDO DE COR QUANDO EU QUERO.
PODE ME VER
NO PÉ DO IPÊ.
ESTOU PRETO E BRANCO ENQUANTO PAQUERO".

ENQUANTO A VOVÓ DORMIA,
LÁ NO SEU JARDIM, TUDO ACONTECIA
PARECIA UMA FLORESTA
TUDO ERA FESTA
AS FLORES E OS BICHOS VIBRAVAM DE ALEGRIA!

A ABELHA-APIS-MELLIFERA-FACEIRINHA,
QUE TEM POSE DE RAINHA,
PRODUZ O MEL,
MAS É CRUEL:
SE DER MOLEZA, É PIMENTINHA!

O MORCEGO, MAMÍFERO VOADOR, AVATAR DE VAMPIRO,
TEM DENTES AFIADOS E PROVOCA SUSPIRO,
COME FRUTITA
 E DEPOIS REGURGITA
DORME NO ESCURO, DE PONTA-CABEÇA, DANDO GIRO!

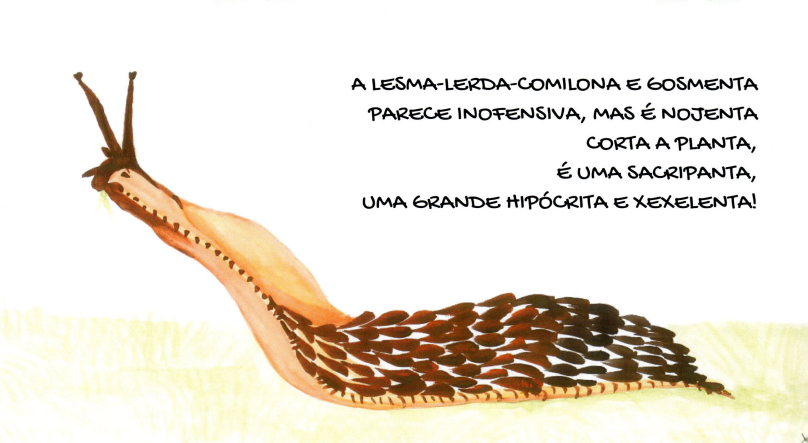

A LESMA-LERDA-COMILONA E GOSMENTA
PARECE INOFENSIVA, MAS É NOJENTA
CORTA A PLANTA,
É UMA SACRIPANTA,
UMA GRANDE HIPÓCRITA E XEXELENTA!

A BORBOLETA, SÍMBOLO DA FELICIDADE, DO AFAGO E DA PUREZA,
JÁ FOI OVO, LARVA, CRISÁLIDA, IMAGO E BELEZA.
SEU COLORIDO
É ATÉ EXIBIDO.
CAUSA ÊXTASE TANTA NOBREZA!

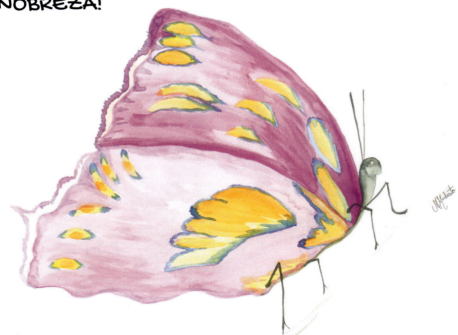

O SAPO-BUFO-RUGOSO E MAGRELO,
QUE TEM O OLHO AMARELO,
É SÓ CHOVER
PRA APARECER
DANDO PULO NA ÁGUA, NADA BELO!

O COLIBRI BEIJA-FLOR DE COR CINTILANTE
TEM UM CORAÇÃO DE TAMANHO GIGANTE,
CORPO DELICADO,
BICO ALONGADO,
FAZ GIRO DE HELICÓPTERO E VOO RASANTE!

O LAGARTO-TEIÚ-ONÍVORO ESCAMOSO
PASSEIA TRANQUILO, MUITO AMISTOSO.
ELE SE CHAMA JOCA
E GOSTA DE MINHOCA.
VOVÓ TRATA DELE, NÃO É PERIGOSO.

O DIPLÓPODE PIOLHO-DE-COBRA-GONGOLO,
QUE SE PARECE COM UM ROLO,
TEM PERNA PRA TODO LADO,
MAS PODE FICAR ENROLADO.
NÃO PICA, NÃO MORDE, É MUITO TOLO!

Valdemira Pereira Modesto (Resplendor-MG, 06/04/1956) é aposentada e formada em Artes Visuais pela Universidade Federal do Espírito Santo (UFES). Vive em Bom Jesus do Itabapoana-RJ, é casada com Gilson Modesto e mãe de Matheus e Annabelle. Os amigos chamam-na de "Mira", e os netinhos, de "vovó Mira". Pintora autodidata, gosta de livros desde criança. Costuma dizer que cultiva o hábito da leitura desde alfabetizada.

Sua mente é acelerada. Apelidaram-na de MIRAbolante. Falta-lhe tempo, pois não consegue dar conta de tantas MIRAbolâncias. Com frequência, perguntam a ela: "É mesmo aposentada?". Ao menos, a mente tem a certeza de que não, ainda não se aposentou.